Inhalt

Zauberer Norman in Gefahr

Im Supermarkt von Dilys Price trafen sich die Zwillinge Sarah und James mit ihrer Freundin Mandy. Sie wollten gemeinsam mit Dilys' Sohn Norman einen Film drehen und ihn dann ins Internet stellen.

In dem Film spielte Norman einen Zauberer. „Seid ihr so weit?“, fragte er. Mandy nickte und startete ihre Handykamera.

„Mein Name ist Maximo Magisch, und ich besitze maximal magische Zauberkräfte“, verkündete Norman stolz und präsentierte seinen ersten Zaubertrick: das magisch schwebende Gurkenglas.

„Norman, ein Glas Gurken, das an einer Angel baumelt, hat wenig mit Zauberei zu tun“, maulte Sarah.

In diesem Moment landete das Glas – *klirr!* – auf dem Boden und zerbrach.

Zur selben Zeit war Tom Thomas auf der Feuerwache damit beschäftigt, eine neue Software für das Rettungssystem zu installieren. Gespannt schauten Sam und Elvis ihm zu.

„Du kennst dich mit der Technik aber gut aus, Tom“, lobte Sam.

„Na ja, es geht so“, winkte Tom ab. „Ich hoffe, es funktioniert.“

Nachdem Tom sich verabschiedet hatte, schaute Sam sich das neue System etwas genauer an.

Aber was war das? Statt der Alarmsignale erklang plötzlich laute Partymusik.

„Tom kennt sich wohl doch nicht so gut aus, wie ich dachte“, seufzte Sam.

In der Zwischenzeit waren die Kinder zum Bahnhof gelaufen, um im Zug eine weitere Szene mit Norman als Maximo Magisch zu drehen. „Dieses Mal wird es besser klappen“, versicherte Norman. Er hielt eine Schnur aus dem Fenster, an der ein bunter Drachen und ein aus Dilys’ Morgenmantel gebasteltes Gespenst flatterten. „Willkommen im Magischen Express“, rief Norman in die Kamera.

Doch pötzlich erfasste eine kräftige Windböe den Drachen und wehte Norman hinaus ins Freie. Hilfe! Erschrocken beobachtete Lokführer Gareth, wie Norman in einem Baum landete. Er hielt seinen Zug sofort an und wählte die Notrufnummer der Feuerwehr.

Begleitet von lauter Partymusik ging der Notruf in der Feuerwache ein. „Wir müssen sofort los. Um den Computer kümmern wir uns später", entschied Sam. Schon im nächsten Moment sprangen er, Penny und Elvis in Jupiter und brausten in die Berge. Dort entdeckten sie Norman kopfüber in einem Baum.

„Keine Angst, Norman. Ich komme hoch und mache dich los", rief Sam und ließ sich im Rettungskorb in die Höhe fahren. Dann schnitt er - *schnipp, schnapp!* - die Schnur durch, die sich um Normans Beine gewickelt hatte, und setzte den Jungen im Rettungskorb ab.

„Danke, Sam. Das nächste Mal passe ich besser auf", versprach Norman.

„Das hoffe ich sehr", erwiderte Sam.

„Und was machen wir jetzt?“, wollte Mandy wissen.

„Kennt Maximo Magisch überhaupt irgendeinen Zaubertrick, der funktioniert?“, fügte Sarah hinzu und grinste.

„Na klar“, entgegnete Norman trotzig. „Ihr wollt Magie? Dann zeig ich euch Magie. Hier seht ihr meine Zauberstab-Sterne. *Ta-ta-ta-ta!*“

Norman hatte eine Wunderkerze entzündet und an dem Zauberstab befestigt. Doch kaum hatte er seinen Zauberstab geschwungen, flog die Wunderkerze auf den Boden und entzündete blitzschnell das trockene Gras. Oh nein, nicht schon wieder!

„Wir müssen sofort Feuerwehrmann Sam rufen“, beschloss Sarah.

Tatütata! Nur wenig später stoppte Jupiter mit Sam, Penny und Elvis an der Wiese. Das Feuer war zum Glück ruck, zuck gelöscht.

Aber Sam hatte mit Norman noch ein Hühnchen zu rupfen. „Funken und trockenes Gras sind keine gute Kombination, Norman", sagte er streng.

„Ich will doch nur ein maximal magisches Video drehen, das im Internet jede Menge Klicks bekommt", verteidigte sich Norman.

„Magisch bedeutet aber nicht gefährlich. Wirklich magisch wäre es, wenn du mal keinen Unsinn machen würdest", schimpfte Sam.

„Die nächste Szene ist komplett ungefährlich, ehrlich", beteuerte Norman.

„Gut, hoffentlich stimmt das", seufzte Sam.

Für den letzten Zaubertrick machten Norman und seine Freunde sich auf den Weg zum Wasserfall. Quer über eine tiefe Schlucht war dort ein Seil gespannt, an dem Norman eine Besenflug-Szene drehen wollte.
„Ist das nicht viel zu hoch?“, meinte Sarah skeptisch.
„Überhaupt nicht. Mein Video soll richtig spektakulär werden. Schließlich will ich suuuuperviele Klicks“, erwiderte Norman und schwang sich mit seinem Besen auf die Seilrutsche. *Hui!* Schon im nächsten Moment sauste er über den Abgrund, während er sich selbst mit der Handykamera filmte.
Sarah, James und Mandy hielten vor Aufregung die Luft an.
„Ich kann gar nicht hingucken“, stöhnte James.
„Ich fliiieeege“, jauchzte Norman. Doch Sekunden später erklang ein lauter Schrei: „Aaahhh!“

Normans Schal hatte sich in der Seilrutsche verfangen, und Norman war von seinem Sitz gerutscht. Nun hing er kopfüber an dem Schal über der Schlucht.

„Halte durch, Norman. Wir holen Feuerwehrmann Sam“, rief Sarah.

Kurz darauf hangelte sich Sam in seiner gelben Spezialausrüstung Stück für Stück an Norman heran.

Wie lange würde der Schal noch halten? *Krk!* Der Stoff riss immer weiter ein. *Krk, krk!*

In allerletzter Sekunde konnte Sam Norman am Arm packen. Norman war gerettet!

„Das war wirklich knapp“, atmete Sam erleichtert auf.
„Es tut mir so leid, Sam. Wie kann ich das nur wiedergutmachen?“, entschuldigte sich Norman.
„Da hab ich schon eine Idee“, grinste Sam und nahm die Kinder mit zur Feuerwache.
Dort klappte er den Laptop auf. „Du müsstest einfach nur die richtige Rettungssoftware für uns herunterladen, damit wir nicht mehr bei jedem Alarm Toms Partymusik hören!“
„Kein Problem“, entgegnete Norman selbstbewusst. Er zog den Laptop zu sich herüber und verkündete kurz darauf: „Schon fertig!“
„Wow“, staunte Sam. „Das nenne ich magisch!“

„Ich bin auch fertig“, ergriff Mandy plötzlich das Wort.
„Fertig womit?“, fragte Norman misstrauisch.
„Mit dem Hochladen all deiner misslungenen Tricks. Das Video *Normans maximal magische Pannen* ist jetzt online“, antwortete Mandy und zeigte auf den Bildschirm. Im Sekundentakt wurde das Video angeklickt.
„Schau mal, wie viele Klicks du schon hast!“, jubelte James.
„Ziel erreicht, oder?“, freute sich Mandy.
„Ja, aber doch nicht so!“, erwiderte Norman. „Das ist sooo peinlich!“ Er schwang seinen Zauberstab, sprach seinen Verschwinde-Zauberspruch und zog sich schnell einen Papierkorb über den Kopf.

Sam und die Stinkekatze

Es war früh am Morgen im Park von Pontypandy. *Miau! Miau!* Aus einem Abwasserkanal drangen klägliche Laute. Offenbar war eine Katze in den Gully gefallen. Schnell riefen die Anwohner die Feuerwehr und Tierärztin Lizzie.

Als sie ankamen, befestigte Sam seinen Gurt, ließ sich von Elvis in den dunklen, modrigen Schacht abseilen und tauchte kurz darauf mit einer ziemlich schmutzigen Katze auf dem Arm wieder auf. „Ich hab sie!“, verkündete er.

Tierärztin Lizzie nahm ihm die Katze ab. „Sie scheint okay zu sein, sie stinkt nur ganz schön“, meinte sie.

„Nicht nur sie“, stöhnte Elvis mit einem Seitenblick auf Sam und rümpfte die Nase.

Lizzie setzte die Katze vorsichtig in den Transportkorb und stieg damit in ihr Auto. Auf dem Beifahrersitz wartete ihre Tochter Hannah.

„Bringst du mich jetzt endlich zu Mandy?“, fragte Hannah ungeduldig. „Wir wollen mit Norman einen Film schauen.“

Als sie bei den Floods ankamen, klingelte Lizzies Handy.

„Ich muss los. Eine Kuh braucht meine Hilfe“, erklärte Lizzie und drückte dem verdutzten Mike Flood den Korb mit der Katze in die Hand. „Ich hole Hannah und die Katze in zwei Stunden wieder ab, okay?“, rief sie und lief aus der Tür.

Kopfschüttelnd stellte Mike den Katzenkorb neben das Sofa. „Ich bin in der Werkstatt, wenn etwas ist“, sagte er zu den Kindern, dann verließ er das Haus.

Die drei Freunde setzten sich auf das Sofa, und Norman schaltete den Fernseher an.

„Puh, was stinkt denn hier so?“, beschwerte sich Norman.

„Das ist wahrscheinlich die Katze. Feuerwehrmann Sam hat sie aus einem Gully gerettet“, meinte Hannah.

„Ich mache einfach eine von Mums Duftkerzen an“, schlug Mandy vor. „Mmh, Kirschblütenduft“, schwärmte sie, zündete die Kerze an und stellte sie ins Regal.

Zur selben Zeit betraten Sam und Elvis die Feuerwache. Die Morgenbesprechung mit Hauptfeuerwehrmann Steele und Feuerwehrfrau Penny hatte bereits begonnen.

„Guten Morgen! Wir waren noch bei einem Tierrettungseinsatz im Park“, entschuldigte Sam die Verspätung.

Mr Steele hielt sich die Nase zu. „Kein Problem, Sam. Aber ich glaube, du solltest dich erst mal umziehen“, meinte er.

„Hauptfeuerwehrmann Steele hat recht, Sam“, stimmte Elvis seinem Chef zu. „Deine Kleidung stinkt nach Abwasserkanal!“

Im Wohnzimmer der Floods, das nun wunderbar nach Kirschblüten duftete, blickten Hannah, Norman und Mandy unterdessen gebannt auf den Bildschirm.

„Mann, ist der Film spannend“, flüsterte Norman.

Miau!

„Pst“, machte Norman.

Miau, miau!

„Ruhe jetzt, sonst höre ich nichts“, beschwerte sich Norman.

Miau, miau, miau!

„Diese Katze nervt“, schimpfte Norman. „Ich glaube, sie will raus.“ Er öffnete den Korb, und die Katze huschte lautlos an ihm vorbei. Während das Tier neugierig die Umgebung erkundete, setzte Norman sich zufrieden zurück aufs Sofa.

Die Ruhe hielt allerdings nicht lange an. *Dong-dong-dong!* Fröhlich sprang die Katze von einem Möbelstück zum anderen.

„Oh nein!“, entfuhr es Hannah. Das Tier war im Regal direkt neben der Duftkerze gelandet.

„Wir müssen die Katze wieder einfangen“, entschied Mandy.

„Kein Problem, ich kümmere mich darum“, sagte Norman und ging vorsichtig auf die Katze zu. Doch als er nach dem Tier griff, stieß er die Kerze vom Regal. Sie landete auf einem Stapel Zeitschriften, der sofort lichterloh brannte.

In Windeseile breiteten sich die Flammen im Zimmer aus, und dicker Qualm stieg empor.

Mandy wollte schnell ihren Vater zu Hilfe holen, aber der Weg zur Tür war durch das Feuer versperrt.

„Bitte tu irgendetwas, Mandy“, flehte Norman.

„Du hast doch die Katze freigelassen“, erwiderte Mandy wütend.

„Aber du hast die Kerze angemacht“, entgegnete Norman.

„Jetzt hört auf zu streiten und ruft lieber Feuerwehrmann Sam“, schaltete Hannah sich ein.

Sofort griff Mandy nach ihrem Handy und wählte den Notruf. „Hallo, hier ist Mandy Flood. Bei uns brennt es!“

Tatütata! Kurz darauf bremste Jupiter vor dem Haus der Familie Flood.

Vom Klang der Sirene aufgeschreckt, kam Mike aus seiner Werkstatt gelaufen. Entsetzt starrte er auf die Flammen.
„Bleib hier, Mike. Wir erledigen das", beruhigte Sam ihn.
Er setzte seine Atemschutzmaske auf und betrat gemeinsam mit Penny das Haus. Während Penny das Feuer in Schach hielt, kämpfte Sam sich zu den Kindern vor.
„Alles okay?", erkundigte er sich.
Hannah, Norman und Mandy nickten.
„Dann duckt euch jetzt so tief wie möglich und folgt mir vorsichtig nach draußen", sagte er.

Im Hof nahmen Mike und Elvis die Kinder erleichtert in Empfang. „Das ist ja gerade noch einmal gut gegangen“, seufzte Mike und umarmte seine Tochter glücklich.

„Die Katze!“, rief Norman plötzlich. „Die Katze ist noch drin!“

Sam zögerte keine Sekunde und lief noch einmal zurück ins Haus.

Als er wenig später wieder aus der Tür trat, hielt er die Katze fest im Arm. Ein strenger Geruch stieg ihm in die Nase. „Ist das etwa die Katze von heute Morgen?“, stöhnte er.

Die Kinder nickten.

„Meine Mum holt sie später ab“, sagte Hannah und kräuselte die Nase.
„Du riechst komisch, Sam“, meinte Norman.
„So ein bisschen nach Gully“, ergänzte Mandy.
„Das kann man wohl sagen“, grinste Elvis und hielt sich ebenfalls die Nase zu.
„Dabei habe ich mich gerade erst umgezogen. Ich konnte doch nicht ahnen, dass ich dieselbe Stinkekatze zweimal retten muss!“, lachte Sam und verabschiedete sich. „Ich glaube, ich gehe besser duschen.“

Einsatz am Abgrund

Die Kinder von Pontypandy waren ganz aufgeregt. Für ihre Ausbildung als Junge Retter durften sie mit dem Team von Feuerwehrmann Sam in die Berge fahren. Sarah, James, Mandy und Hannah trafen pünktlich am Bahnhof ein.

„Jetzt fehlt nur noch Norman“, stellte Penny mit einem Blick auf ihre Liste fest.

Sam sah auf die Uhr. „Der Zug fährt gleich los. Wir müssen einsteigen“, entschied er und machte es sich auf seinem Platz gemütlich. *Ein Tag ohne Norman Price könnte ein entspannter Tag werden*, dachte er.

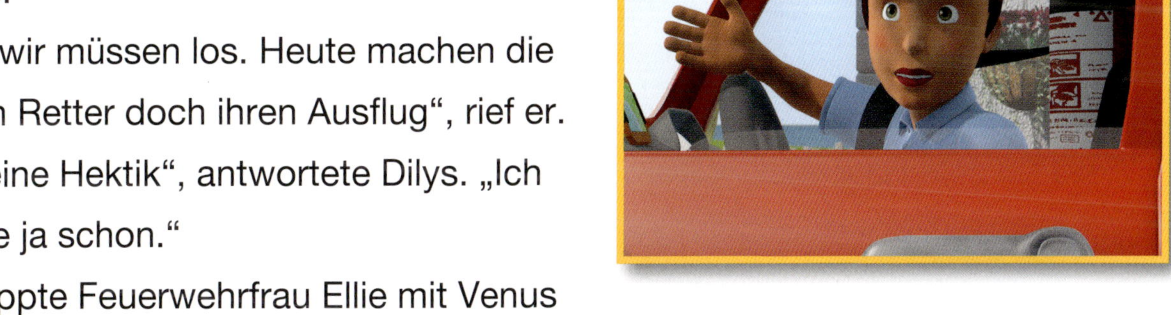

Unterdessen trat Norman zu Hause ungeduldig von einem Bein auf das andere.

„Mum, wir müssen los. Heute machen die Jungen Retter doch ihren Ausflug“, rief er.

„Nur keine Hektik“, antwortete Dilys. „Ich komme ja schon.“

Da stoppte Feuerwehrfrau Ellie mit Venus vor dem Sparpreis-Supermarkt. „Norman, wolltest du nicht mit auf den Ausflug? Die Jungen Retter sind gerade losgefahren“, wunderte sie sich.

„Was???“, beschwerte sich Norman. „Ohne mich?!“

„Ja“, meinte Ellie. „Aber wenn ihr euch beeilt, könnt ihr sie vielleicht noch einholen.“

Kurz entschlossen setzte Dilys sich ans Steuer ihres kleinen blauen Transporters.

„Wenn wir nicht rechtzeitig da sind, verpasse ich als Einziger den Helikopterflug, den Sam uns versprochen hat“, jammerte Norman.

„Keine Sorge, mein Goldschatz, das schaffen wir“, versprach Dilys und trat kräftig aufs Gaspedal.

Im Bergsteiger-Erlebnispark hatte für die anderen Kinder inzwischen der Erste-Hilfe-Kurs begonnen.

„Jeder Junge Retter muss wissen, wie man einen Verletzten transportiert“, erklärte Penny. „Wir üben das heute einfach mal an Sam und Moose.“

Im Auto rutschte Norman unruhig auf seinem Sitz hin und her.
„Wir sind gleich da“, versuchte Dilys ihn zu beruhigen. „Ich kenne nämlich eine Abkürzung quer durch den Wald“, fügte sie stolz hinzu und wirbelte das Lenkrad herum. Der Wagen raste in einen schmalen Waldweg hinein. Norman riss erschrocken die Augen auf. „Mum, pass auf, da liegt ein Baum auf dem Weg!“, rief er.
Dilys bremste scharf, verlor dabei aber die Kontrolle über das Auto. Hilfe! Der Wagen schlitterte auf eine tiefe Schlucht zu, hob ab – und landete in einem Baum am Rand des Abgrunds.
„Ich befürchte, wir brauchen Feuerwehrmann Sam“, jammerte Dilys mit zitternder Stimme.

In der Zwischenzeit hatten Sarah, James, Mandy und Hannah ihren Erste-Hilfe-Kurs erfolgreich beendet.

„Das habt ihr sehr gut gemacht“, lobte Feuerwehrmann Sam. „Und ich glaube, da kommt auch schon Tom mit eurer Belohnung!“

Ein lautes Dröhnen war zu hören.

„Wallaby 2 ist da!“, jubelten die Kinder.

Vorsichtig setzte Tom Thomas von der Bergwacht seinen gelben Helikopter auf der Wiese auf.

„Wer von euch hat Lust auf einen kleinen Rundflug?“, wollte er wissen.

„Ich!“, riefen alle vier gleichzeitig und stürmten auf den Hubschrauber zu.

„Ich muss euch leider enttäuschen“, unterbrach Sam den Jubel der Kinder. „Wir haben gerade einen Notruf bekommen: Dilys und Norman Price hatten einen Unfall und hängen mit ihrem Auto über einem gefährlichen Abgrund. Tom, wir müssen sofort hinfliegen, bevor der Wagen abrutscht. Elvis kommt mit uns. Penny und Moose bleiben mit den Jungen Rettern hier.“

„Alles klar, Sam“, nickte Penny.

Mit Sam und Elvis an Bord startete Tom kurz darauf den Helikopter, während Hannah, James, Mandy und Sarah enttäuscht zum Bergsteiger-Erlebnispark zurückkehrten.

Wenig später erreichte Wallaby 2 die Unfallstelle.

„Da unten sind sie, Tom“, meldete Sam. „Elvis und ich seilen uns zu ihnen ab.“

Während Tom den Helikopter auf Position hielt, legten Sam und Elvis ihre Rettungsgurte an. Dann ließen sie sich Stück für Stück zu dem Auto hinunter.

Sam klopfte an die Scheibe der Beifahrertür. „Seid ihr okay, Norman?“, erkundigte er sich.

Norman nickte. „Aber wir bekommen die Türen nicht auf“, rief er.

Sam sah zu Elvis, der auf der Fahrerseite auf das Kommando wartete.

„Bereit?“, fragte Sam.

„Bereit!“, erwiderte Elvis.

„Eins, zwei, drei“, gab Sam das Kommando. Die Feuerwehrmänner rissen mit einem kräftigen Ruck gleichzeitig die Fahrer- und die Beifahrertür auf und hakten Dilys und Norman in ihre Gurte ein. „Bleibt ganz ruhig und haltet euch einfach an uns fest“, sagte Sam.

Mit erhobenem Daumen gab er Tom das Zeichen, sie langsam hochzuziehen.

Im nächsten Moment stürzte der Wagen in die Tiefe. Das war gerade noch einmal gut gegangen!

Ein paar Minuten später landete der Helikopter am Bergsteiger-Erlebnispark. Dort wurden Dilys und Norman herzlich von Penny empfangen.

„Wir sind so froh, dass euch nichts passiert ist“, rief sie mit einem Lächeln. „Und weil Norman so tapfer war und während der Rettung keine Panik bekommen hat, kriegt er von mir ein Abzeichen.“

Sarah, James, Mandy und Hannah schnappten nach Luft. Das durfte doch nicht wahr sein! Erst verhinderte Norman ihren Helikopterflug, dann durfte er selbst als Einziger in Wallaby 2 mitfliegen, und jetzt bekam er auch noch ein Tapferkeitsabzeichen? Das war einfach nicht fair!

„Und was ist mit meinem Auto?“, erkundigte sich Dilys.

„Ellie kümmert sich darum“, antwortete Sam.

Da piepte auch schon sein Handy. Nachricht von Ellie! Neugierig scharten sich alle um Sam.

„Das Auto ist leider Schrott“, las Sam laut vor und zeigte ein Foto von den blauen Blechtrümmern herum.

Dilys fiel vor Schreck in Ohnmacht.

Moose kniete sich schnell neben sie und fühlte ihren Puls. „Keine Sorge, sie ist gleich wieder wach“, versicherte er und lächelte. „Zum Glück haben wir ja gerade einen Erste-Hilfe-Kurs gemacht!“

James und der Riesenkürbis

Auch in diesem Sommer fand im Park von Pontypandy der alljährliche Riesengemüse-Wettbewerb statt. Alle Bewohner waren gekommen, um stolz ihre größte und schönste Ernte zu präsentieren. Auf den Tischen im Park stapelten sich bereits Lauch, Kartoffeln, Zwiebeln und Karotten.

„Das darf doch nicht wahr sein!“, rief Mike Flood entrüstet. „Jemand hat sich meine Zuckererbsen schmecken lassen.“

Nachdenklich betrachteten Feuerwehrmann Sam und sein Kollege Elvis das Gemüse.

„Schau mal, fast alles ist schon angeknabbert“, stellte Elvis fest.

„Das ist wirklich seltsam“, wunderte sich Sam.

Zur selben Zeit rollten Sarah, James und Mandy einen riesengroßen Kürbis vor sich her.
„Ich glaube, wir kommen nie beim Wettbewerb an“, stöhnte Mandy außer Atem.
„Warum schieben wir nicht einfach unsere Seifenkisten zusammen und rollen den Riesenkürbis damit den Hügel hinauf?“, schlug Norman vor.
Gesagt, getan! Sie schnürten ihre Seifenkisten zusammen, banden den Riesenkürbis darauf, und James zog das Gefährt den Berg hinauf.
„Zieh, James, zieh“, feuerte Norman seinen Freund an.
„Warum eigentlich immer ich?“, ächzte James unter der schweren Last.

Völlig außer Puste erreichte James schließlich den Gipfel des Berges. Puh, geschafft! Nun ging es zum Glück nur noch bergab.

Da erklang plötzlich ein spitzer Schrei. „Vorsicht, James!“, rief Sarah.

Auf dem abschüssigen Gelände wurden die Seifenkisten immer schneller. Gleich würden sie James von hinten überrollen!

Panisch blickte James nach hinten, dann rannte er, so schnell er konnte.

Dennoch kam der Rollwagen näher und näher ...

In letzter Sekunde rettete James sich mit einem Sprung auf das Gefährt. Doch die rasante Talfahrt konnte er nicht mehr stoppen.

Von dem Hügel ging es direkt hinunter in die Straßen von Pontypandy. James und sein Gefährt rasten in einem Höllentempo quer durch die Stadt. „Hilfe, ich kann nicht bremsen! Ruf Feuerwehrmann Sam!“, schrie James, als er an Lokführer Gareth vorbeisauste.

Gareth griff schnell zu seinem Handy. „Sam? Hier spricht Gareth. James hat die Kontrolle über sein selbst gebautes Gefährt verloren und steuert direkt auf die Klippen zu.“

„Verstanden. Wir kommen sofort“, erwiderte Sam und informierte Feuerwehrfrau Ellie.

Ellie holte Sam im Park ab und nahm umgehend James' Verfolgung auf. „Da vorne ist er." Ellie zeigte auf die Wiese, an deren Ende die Felsen steil ins Meer abfielen. Der Kürbis auf dem Rollwagen hatte mittlerweile so viel Tempo, dass er gefährlich von einer Seite auf die andere schwankte. Ängstlich klammerte James sich an seinen Sitz.

„Wir müssen uns beeilen", mahnte Sam. „Die Klippen kommen immer näher."
Als Venus auf gleicher Höhe mit dem Rollwagen war, hangelte sich Sam zu James hinüber und befreite ihn von dem Seil. Danach packte er den Jungen und sprang mit ihm in das fahrende Feuerwehrauto.

Im nächsten Augenblick erreichte der Rollwagen den Rand der Klippen und stürzte zusammen mit dem Riesenkürbis hinunter ins Meer. *Platsch!*
Mit ernster Miene blickte Sam seinen Neffen an. „Das war wirklich knapp, James."
„Ich weiß, Sam. Bitte sei mir nicht böse", erwiderte James.
Sam schüttelte den Kopf und lächelte. „Hauptsache, dir ist nichts passiert."
Dann wandte er sich an Ellie: „Kannst du uns bitte im Park absetzen? Vielleicht kommen wir ja noch rechtzeitig zur Siegerehrung."

Im Park wurde James schon ungeduldig von Norman erwartet.
„Nur wegen dir kann unser Riesenkürbis jetzt nicht mehr gewinnen“, schimpfte Norman.
„Du solltest dich lieber bei deinem Freund entschuldigen, dass ihr ihn in so große Gefahr gebracht habt“, ermahnte ihn Sam.
Widerwillig murmelte Norman eine Entschuldigung.
„Was ist denn jetzt mit der Siegerehrung?“, wollte Mike Flood wissen.
„Da nur ein einziges Gemüse nicht angeknabbert und damit nicht disqualifiziert ist, erkläre ich Trevors Minikarotte zum Sieger des diesjährigen Riesengemüse-Wettbewerbs!“, verkündete Sam und grinste.

Stolz nahm Trevor den Beifall entgegen.

Aber was war das? Plötzlich huschte ein kleines Meerschweinchen über den Rasen, schnappte sich die kleine Karotte und hoppelte davon.

„Norris? Du bist also der Übeltäter!“, riefen Sarah und James und sahen ihrem Meerschweinchen verdutzt hinterher.

„Sie müssen Norris wieder einfangen. Bitte! Sie sind doch die Feuerwehr“, wandten sich die Zwillinge bettelnd mit einem Schuhkarton an Hauptfeuerwehrmann Steele.

„Ja ... aber ... wie ...?“, stammelte Mr Steele.

„Wir übernehmen das, Sir“, sagte Sam und griff sich den Schuhkarton.

„Elvis, kommst du?“

Und gemeinsam machten sich die beiden Feuerwehrmänner auf die Jagd nach dem Meerschweinchen.

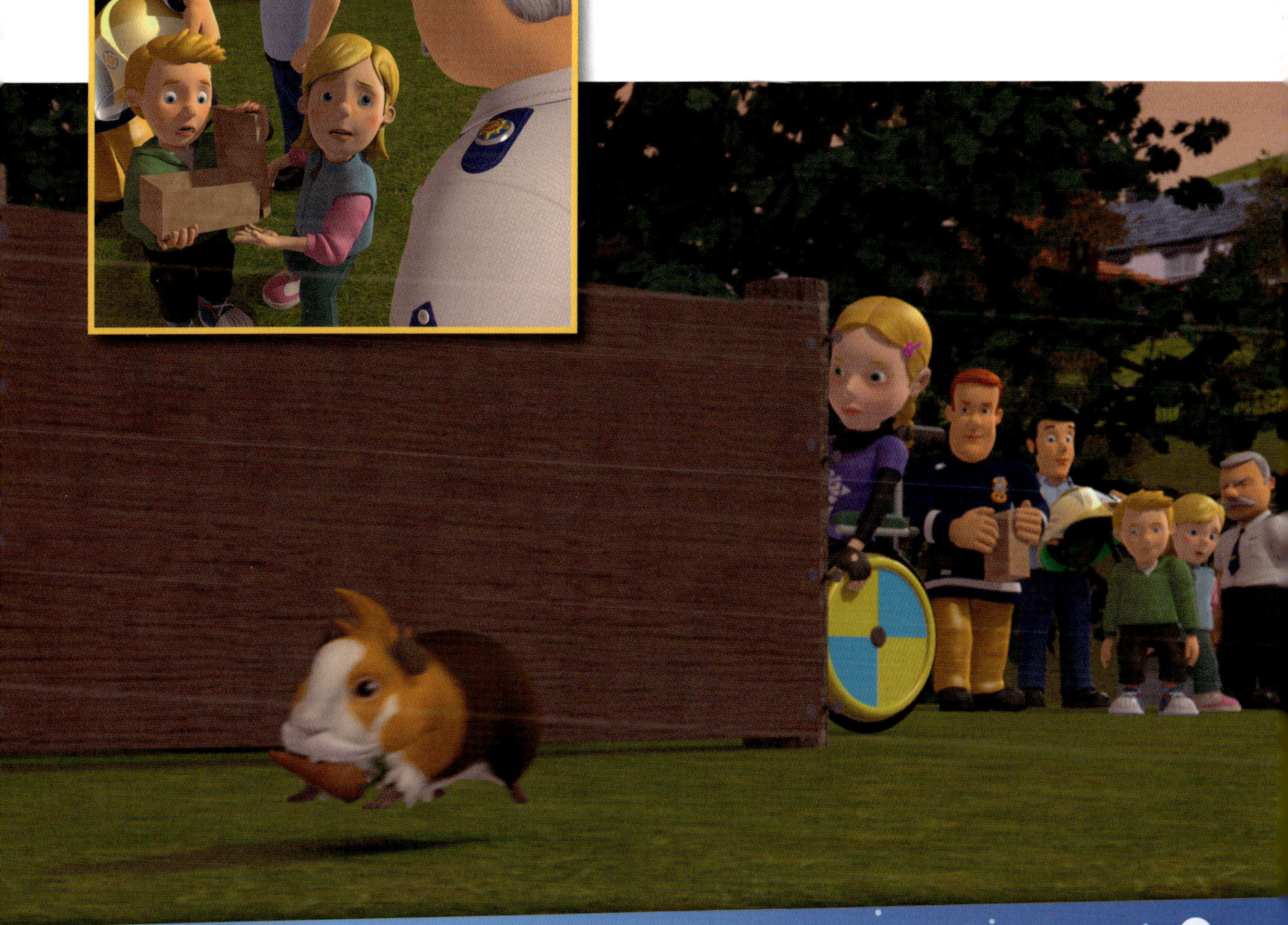

Feuerwehrmann Sam und Jupiter

Mutig, einfallsreich, hilfsbereit – das ist Feuerwehrmann Sam. Er behält in gefährlichen Situationen einen kühlen Kopf und hat für jedes Problem eine Lösung. Sein ganzer Stolz ist Jupiter – das große, rote Löschfahrzeug.

Hauptfeuerwehrmann Steele

„Und stillgestanden!", ruft Mr Steele, der Chef der Feuerwache, seine Leute zur Ordnung. Regeln und Grundsätze sind für ihn das Wichtigste. Und die versucht er auch seinen Leuten beizubringen.

Elvis Cridlington

Elvis, Sams Lehrling und Gehilfe, bewundert Sam und ist mit Leib und Seele Feuerwehrmann.

Penny Morris ...

... war lange die einzige Feuerwehrfrau in Pontypandy. Sie rettet, löscht und packt genauso zu wie die Männer der Wache. Penny fährt das kleine Feuerwehrauto Venus, um das sie sich auch mit viel Liebe kümmert.

Helen Flood

Wenn es bei einem Unfall Verletzte gibt, ruft Feuerwehrmann Sam Helen Flood. Denn sie ist Pontypandys Krankenschwester und Sanitäterin. In Notfällen ist sie sofort zur Stelle und behält immer die Nerven. Aus der Ruhe bringt sie nur ihre Tochter Mandy, die viel Unfug im Kopf hat.

Tom Thomas

Wenn jemand in schwindelerregender Höhe in Not gerät, ist Tom mit seinem Helikopter sofort zur Stelle.

Joe und Lizzie Sparkes

Joe und Lizzie sind die Eltern von Hannah. Joe ist Automechaniker und hat eine eigene Werkstatt. Seine Frau Lizzie ist Tierärztin und leitet die Tierklinik von Pontypandy.

Arnold McKinley

Arnold McKinley kommt wie Ellie frisch von der Feuerwehrakademie nach Pontypandy. Er freut sich darauf, das Gelernte an der Seite von Feuerwehrmann Sam umsetzen zu können.

Ellie Phillips

Feuerwehrfrau Ellie Phillips hat genau wie Arnold ihre Ausbildung als eine der Klassenbesten beendet. Sie ist selbstbewusst und hoch motiviert.

Titan

Das Löschboot Titan hat zwei Wasserwerfer. Es pumpt das Löschwasser direkt aus dem Meer, daher braucht es keine Wassertanks.

Neptun

Ist jemand auf dem Wasser in Not geraten? Mit dem gelben Schlauchboot Neptun ist das Team schnell vor Ort.

Juno

Bei einem Einsatz auf dem Wasser ist Sam sofort mit dem Jetski Juno zur Stelle. Juno ist eines der Rettungsfahrzeuge in der neuen Wasserwacht.

Ben Hooper

Ben ist speziell für die Küstenwache ausgebildet und Experte für die Seenotrettung. Er arbeitet in der Wasserwacht und unterstützt Sam und sein Team bei Einsätzen auf dem Wasser.

Dilys Price

Normans fürsorgliche Mutter ist Pontypandys Tratschtante Nummer eins. Sie betreibt den Supermarkt in Pontypandy. Norman mag es überhaupt nicht, wenn sie ihn „Mamis kleiner Liebling“ nennt.

Norman „Frechdachs“ Price

Norman wird es nie langweilig. Denn er hat stets verrückte Ideen. Oft bringt er sich dabei in Gefahr. Zum Glück ist Feuerwehrmann Sam immer rechtzeitig da, um das Schlimmste zu verhindern.

Charlie und Gwendolyn Jones

Das sind die Eltern von Sarah und James. Charlie ist Sams Bruder und von Beruf Fischer. Seine Frau Gwendolyn interessiert sich sehr für Magie und Zauberei. Zusammen betreiben die beiden das Kabeljau-Café.

Sarah und James

Die Zwillinge sind Feuerwehrmann Sams Nichte und Neffe. James findet es schön, wenn richtig was los ist, und möchte später auch einmal Feuerwehrmann werden – wie sein Onkel Sam. Seine Schwester Sarah dagegen mag es eher ruhiger.

Schnuffi

Der mutige Dalmatiner ist ein ausgebildeter Rettungshund. Mit seiner Spürnase hat er schon so manchen verunglückten Bewohner von Pontypandy gefunden und gerettet.

Trevor Evans

Pontypandys Busfahrer lässt für eine gute Tasse Tee schon mal alles stehen und liegen – leider manchmal auch seinen Bus. Dennoch kann niemand dem fröhlichen Trevor böse sein.

Mike Flood

Gibt es was zu reparieren? Dann ist Mike, Mandys Vater, der richtige Mann. Es gibt fast nichts, was Mike nicht wieder in Ordnung bringen kann. Bei seinen Basteleien ist er aber mit dem Kopf nicht immer bei der Sache. So gerät er oft in gefährliche Situationen, aus denen Sam ihn retten muss.

Mandy Flood ...

... ist stets gut gelaunt und hat unzählige Ideen, die viel Spaß bringen. Doch oft handelt sie, bevor sie darüber nachdenkt, und sorgt damit immer wieder für Aufregung.

Frau Chen ...

... ist Lehrerin und Mutter der kleinen Lily.

Hannah Sparkes

Hannah braucht einen Rollstuhl, da sie ihre Beine nicht bewegen kann. Mit ihrer fröhlichen Art ist sie bei jedem beliebt.

Derek Price ...

... ist Normans Cousin. Die beiden sehen sich zum Verwechseln ähnlich und halten mit ihren verrückten Ideen die Feuerwehr von Pontypandy in Trab.

Lily Chen

Lily ist die Tochter der Lehrerin Frau Chen. Sie ist sehr neugierig, was sie immer wieder in Schwierigkeiten bringt.

Phönix

Das Kranfahrzeug ist immer dann im Einsatz, wenn schwere Hindernisse aus dem Weg geräumt werden müssen. Auch große Tiere, die in Not geraten sind, können mit dem Kran auf die Ladefläche gehoben werden.

Gareth Griffiths

Gareth ist Gwendolyns Vater und der Großvater von Sarah und James. Er ist der Lokführer des Pontypandy-Expresses.

Tiger

Anders als der Name vermuten lässt, ist Tiger sanft wie ein Lamm. Die Katze ist Gwendolyn eines Tages zugelaufen, angelockt vom köstlichen Fisch im Kabeljau-Café.

Moose Roberts

Moose Roberts leitet den Bergsteiger-Erlebnispark. Er ist ein begeisterter Bergsteiger und verbringt seine Zeit am liebsten in der Natur.

Merkur

Leuchtend gelb und blitzschnell – das Quad ist eines der Fahrzeuge der Feuerwache von Pontypandy. Sam fährt damit vor allem zu Einsätzen im Gebirge.

Deine Abenteuer mit

Bücher

ISBN 978-3-8332-3869-7

ISBN 978-3-8332-3734-8

ISBN 978-3-8332-3600-6

ISBN 978-3-8332-3870-3

ISBN 978-3-8332-3792-8

ISBN 978-3-8332-3731-7

ISBN 978-3-8332-3747-8

ISBN 978-3-8332-3609-9

GTIN 4026898002953

Überall im Handel und auf www.paninishop.de!